Début d'une série de documents en couleur

LETTRES ET MÉMOIRES INÉDITS

M. D'ÉTIGNY

INTENDANT DE LA GÉNÉRALITÉ D'AUCH ET PAU
DE 1751 A 1767

PUBLIÉS PAR

PAUL PARFOURU
ARCHIVISTE DU GERS
CORRESPONDANT DU MINISTÈRE DE L'INSTRUCTION PUBLIQUE
OFFICIER D'ACADÉMIE

SUPPRESSION DES CONSULS DE VILLAGE
RÉVOCATION DU PREMIER SECRÉTAIRE DE L'INTENDANCE
AFFAIRE DU PARLEMENT DE PAU ET DISGRACE
DE M. D'ÉTIGNY

AUCH
IMPRIMERIE COCHARAUX FRÈRES
RUE DE LORRAINE

1885

Fin d'une série de documents
en couleur

LETTRES ET MÉMOIRES INÉDITS

DE

M. D'ÉTIGNY

INTENDANT DE LA GÉNÉRALITÉ D'AUCH ET PAU

DE 1751 A 1767

PUBLIÉS PAR

PAUL PARFOURU

ARCHIVISTE DU GERS
CORRESPONDANT DU MINISTÈRE DE L'INSTRUCTION PUBLIQUE
OFFICIER D'ACADÉMIE

SUPPRESSION DES ÉCOLES DE VILLAGE,
RÉVOCATION DU PREMIER SECRÉTAIRE DE L'INTENDANCE,
AFFAIRE DU PARLEMENT DE PAU ET DISGRACE
DE M. D'ÉTIGNY.

AUCH

IMPRIMERIE COCHARAUX FRÈRES

RUE DE LORRAINE

—

1885

LETTRES ET MÉMOIRES INÉDITS

DE

M. D'ÉTIGNY

INTENDANT DE LA GÉNÉRALITÉ D'AUCH ET PAU

DE 1751 A 1767.

Le nom de M. d'Étigny est, avec raison, demeuré populaire dans les départements du sud-ouest qui formaient autrefois la Généralité d'Auch et Pau, qu'il administra de 1751 à 1767. On a conservé le souvenir de quelques-uns des vastes travaux exécutés par ses ordres et des innombrables bienfaits dont il dota non seulement la ville d'Auch, mais toute la région pyrénéenne. Les belles routes, qu'il fit ouvrir à travers un pays presque inaccessible, sont là, au besoin, pour témoigner de son activité et de son dévouement au bien public.

Je n'ai point l'intention de présenter ici une étude d'ensemble sur l'œuvre du célèbre intendant; cette tâche serait trop au-dessus de mes forces. Elle a d'ailleurs été remplie en partie et avec talent par divers écrivains de la région, notamment par l'historien de la ville d'Auch, feu M. P. Lafforgne (1), par M. le chanoine Sabatié (2), par un poète gascon (3), enfin, par M. P. Raymond, le savant et regretté archiviste des Basses-Pyrénées (4).

Le sujet, toutefois, st loin d'être épuisé : la volumineuse correspondance administrative de M. d'Étigny a été à peine utilisée (5).

C'est dans cette correspondance que j'ai trouvé les quatre lettres qui forment le paragraphe Ier de cet article, et dont l'importance n'échappera à personne. A vrai dire, elles appelleraient plutôt la critique que l'éloge, et font tache, en quelque sorte, au milieu de tant d'autres si remarquables par la hauteur des vues et la sûreté du jugement. Ces lettres, en effet, nous révèlent que M. d'Étigny, trop exclusivement préoccupé des intérêts matériels de ses administrés, fut l'adversaire déclaré de l'enseignement primaire dans les campagnes, et qu'il supprima systématiquement, chaque fois que l'occasion s'en présenta, les gages des régents et, par suite, les écoles de village.

Par cette mesure, un peu trop radicale, l'intendant d'Auch se proposait d'atteindre un double but : alléger les charges des communautés, dont il

---

(1) *Histoire de la ville d'Auch*, t. I, p. 293 et suivantes.
(2) *Éloge de M. d'Étigny*, prononcé le 19 août 1845 à la distribution des prix du Petit Séminaire d'Auch. — Imp. J.-A. Portes, 1846.
(3) *L'Elotge de M. d'Étigny* (en vers gascons), dans *Les Loisirs d'un Enfant du peuple*, par feu M. Loubet, imprimeur à Auch, 1859.
(4) *Inventaire des archives des Basses-Pyrénées*, t. III, introduction, p. 87 et suivantes.
(5) Cette correspondance, conservée aux Archives du Gers, est renfermée dans douze registres in-folio (C. 2 à C. 13). Elle est malheureusement incomplète et s'arrête au 23 février 1760.

avait trouvé les finances dans le plus triste état, et rendre à l'agriculture les bras qui lui faisaient défaut.

On sera peut-être surpris de trouver sous la plume de M. d'Étigny, dès 1759, cet argument, jeté comme un cri de détresse, qu'on pourrait croire tout moderne : *le manque de bras !* La lettre (29 juillet 1759), où il l'expose et le développe, est fort curieuse et pleine de verve contre les savants et les avocats de village.

M. d'Étigny paraît convaincu, — c'est là son excuse, — de l'excellence de son système, et ne semble pas en soupçonner les inconvénients. Il obtint, d'ailleurs, l'approbation du contrôleur général des finances (M. de Séchelles) ; les termes d'une de ses lettres sembleraient même indiquer qu'il ne fit que se conformer aux instructions de son supérieur hiérarchique (1).

Quoi qu'il en soit, il ne faudrait pas se hâter de conclure qu'à partir de l'intendant d'Étigny il n'y eut plus d'écoles ni de régents dans les campagnes. Il y eut résistance de la part des consuls, résistance accusée par les lettres mêmes que nous publions. Les délibérations, malheureusement trop rares, des anciennes communautés de la région prouvent que les paysans se rendaient compte de l'importance et de l'utilité de l'instruction ; ils tenaient à leurs

---

(1) Le fait n'est pas certain. Il y aurait lieu de rechercher si cette suppression des écoles fut le seul fait de M. d'Étigny, ou bien, si, émanée de plus haut, elle ne fut pas étendue à tout le royaume. La question vaut la peine d'être étudiée ; je la livre à l'examen des écrivains compétents.

régents et faisaient des sacrifices pour leur assurer une honnête existence.

La révocation du secrétaire en chef de l'intendance d'Auch, tel est l'objet des documents du paragraphe II (1). Cette simple affaire de personnel administratif n'est pas dépourvue d'intérêt, comme on pourra s'en convaincre.

C'est une page curieuse, en effet, que l'histoire de ce pauvre M. Génain, à qui son mariage avec une noble demoiselle fit perdre la tête, et finalement sa place. Ses folles dépenses, sa hauteur déplacée, le luxe et la vanité de sa femme, les intrigues de sa belle-sœur, tout cela est raconté par M. d'Étigny d'une façon fort piquante, avec une foule de réflexions judicieuses, de révélations sur les mœurs de l'époque, et de renseignements sur l'organisation des bureaux et le traitement des secrétaires de l'intendance. Rien ne manque à ce petit tableau, pas même la note dramatique, grâce à l'intervention d'un certain baron de Lerkenfeld, parent de Mme Génain et chambellan de l'Électeur de Bavière, qui écrivit une lettre menaçante à M. d'Étigny, lettre que ce dernier laissa sans réponse. Il se contenta d'adresser au chevalier de Folard, envoyé extraordinaire de France à la cour de Bavière, une lettre digne et ferme qui dut mettre fin à des récriminations mal fondées.

(1) Ces pièces ont été envoyées à Auch, avec quelques autres, par la Préfecture de l'Yonne, en juillet 1868, et proviennent de la succession d'une parente de M. d'Étigny.

Bien autrement grave fut l'affaire du parlement de Pau, à laquelle se rapportent les documents du paragraphe III. Ceci est du domaine de l'histoire générale. Voici en quels termes Henri Martin raconte cet événement : « Le parlement de Pau en fit autant (démissionna comme le Parlement de Rennes), le même mois (mai 1765), par suite de querelles avec son premier président, livré à la Cour. Un président et trois conseillers furent arrêtés à Pau... (1) ».

Le rôle important que joua l'intendant d'Étigny dans cette affaire est assez peu connu. On sait simplement qu'il fut chargé par Louis XV d'empêcher la démission des membres du parlement, qu'il échoua dans cette entreprise et qu'il encourut la disgrâce du Roi, très irrité de son échec. Les mémoires qu'on va lire contiennent sur la mission de M. d'Étigny les détails les plus précis; ses démarches pour calmer les esprits y sont racontées presque jour par jour, de même que ses voyages à Paris et son entrevue avec Louis XV, qui lui remit lui-même ses ordres.

(1) *Histoire de France*, t. XVI, p. 238. — Ce premier président se nommait Gillet de Lacaze. — L'un des *registres secrets* du parlement de Pau contient, au sujet de ce conflit, un intéressant « récit d'un séjour à la suite de la Cour, fait par plusieurs membres du Parlement, en vertu de lettres de cachet » (Archives des Basses-Pyrénées, B. 1561).

I.
Suppression des écoles de village
par M. d'Étigny

I. — *Lettre de M. d'Étigny à M. de Courteille.*

Ce 22 janvier 1756.

Monsieur,

J'ay l'honneur de vous renvoyer la requête des jurats, habitans et communauté de Sedze (1)....

Lorsqu'elle a présenté sa requête, elle étoit encore tenue de payer les gages d'un régent, mais elle est actuellement dispensée de cette charge par la supression que j'en ai fait, ainsi que dans un très grand nombre de communautés de mon département, conformément à la décision de M. le Controlleur général....

Je suis avec respect etc. (2).

II. — *Lettre du même au même.*

Ce 26 janvier 1757.

Monsieur,

Les jurats et habitans de la communauté de Sault-de-Navailles (3) demandent par leur placet, qui étoit joint à la lettre que vous m'avés fait l'honneur de m'écrire le 22 du mois dernier et que j'ay celuy de vous renvoyer, d'être autorisés à faire annuelement l'imposition d'une somme de 100 livres au marc la livre de la taille pour les gages d'un maître d'école, chargé d'instruire les pauvres enfans du lieu.

---

(1) Sedze-Maubec, arrondissement de Pau, Basses-Pyrénées.
(2) Archives du Gers, C. 7, f° 186 r°.
(3) Commune de l'arrondissement d'Orthez, Basses-Pyrénées.

Ils ne se sont adressés à vous, Monsieur, que parce que je leur ay refusé cette imposition, fondé sur la décision de M. le Contrôleur général contenue dans votre lettre du 9 janvier 1755, visée dans mon ordonnance jointe en original à leur placet.

Il est vray que la communauté de Sault-de-Navailles est assés considérable et que les habitans en sont très aisés, mais j'ay regardé ces circonstances comme des raisons de plus pour refuser l'imposition, parce que ceux qui voudront faire donner quelque éducation à leurs enfans sont en état de payer chacun en particulier le maitre d'école dont ils se serviront pour les instruire.

Comme les principes qui m'ont guidé sont toujours les mêmes, j'estime donc, Monsieur, que la requête des jurats et habitans ne mérite aucune attention.

Je suis etc. (1).

III. — *Lettre du même au même.*

Ce 8 janvier 1759.

Monsieur,

J'ay l'honneur de vous renvoyer la lettre de M. Pérignon, conseiller à la Cour des aydes de Montauban, qui étoit jointe à celle dont vous m'avés honoré le 8 novembre dernier, par laquelle il se plaint des abus qui règnent dans l'administration des affaires de la communauté d'Aucanville (2), et surtout de l'imposition qui se fait tous les ans d'une somme de 150 livres pour les gages du régent.

Les faits ont été, Monsieur, exactement vérifiés, l'imposition pour le régent est réelle et fort inutile. Je suprime toutes celles de cette nature qui se font dans les communautés lorsque j'en ay connoissance, et celle-cy ne succisteroit (sic) plus, si M. de Pérignon m'en avoit écrit....

Je suis etc (3).

---

(1) Archives du Gers, C. 9, f° 93 v°.
(2) Aucamville, arrondissement de Castelsarrazin, Tarn-et-Garonne.
(3) Archives du Gers, C. 12, f° 16 r°. — Le reste de cette lettre a trait à d'autres affaires.

IV. — *Lettre du même au même.*

Ce 20 juillet 1759.

Monsieur,

J'ay l'honneur de vous renvoyer la lettre du sieur Goyeneche, sindic des États de Navarre (1) qui étoit jointe à celle dont vous m'avés honoré le 9 de ce mois, par laquelle il représente la nécessité qu'il y a de laisser subsister les petites écoles dans la Navarre, et demande qu'il en soit usé à cet égard comme par le passé, en ordonnant que les gages des régents ou maîtres d'écoles soient à l'avenir à la charge des communautés.

Je ne crois pas, Monsieur, qu'il soit nécessaire de faire de grands raisonnemens pour prouver l'inutilité des régens dans les vilages. Il y a de certaines instructions qu'il ne convient pas de donner aux paysans. Rien n'étoit plus commun lorsque je suis arrivé dans cette Généralité que de voir des enfans de petits laboureurs, vignerons, même des journaliers, abandonner leurs vilages, pour chercher à sortir de leur état, soit en aprenant à écrire, pour pouvoir entrer chés des procureurs ou dans des bureaux, soit en se donnant au latin, pour devenir avocats ou prêtres, ce qui peuploit le pays de fainéants et de mauvais sujets qui, en diminuant le nombre des cultivateurs, augmentoit celuy des gens inutiles et sans ressources pour la société.

La vanité domine dans ce canton, et s'il n'y étoit pas mis ordre les terres seroient bientôt abandonnées, faute de monde pour les cultiver. Dans l'exacte vérité, l'on se plaint dans presque tout mon département qu'on ne trouve pas d'ouvriers pour travailler les fonds.

Ce seul article demanderoit qu'on empêchât les paysans d'aprendre à lire et encore moins à écrire, aussy est-ce une des principales raisons qui m'a fait prendre le parti de suprimer les régens, surtout dans les endroits qui ne sont habités que par des laboureurs, vignerons ou journaliers, d'autant plus qu'on n'avoit que trop de preuves que leurs

(1) La délibération des États de Navarre relative à cette affaire se trouve aux Archives des Basses-Pyrénées, C. 1588.

enfans un peu instruits les méprisoient, et même les ruinoient par l'argent qu'il faloit leur fournir pour leur entretien dans les villes où ils étudioient, indépendemment de ce que, s'y livrant plus au libertinage qu'au véritable désir de perfectionner, ils revenoient ensuite chés eux avec le vain titre d'avocats, à la faveur duquel ils souffloient l'esprit de chicane dans les communautés, où ces demi-praticiens trouvoient le moyen de s'emparer de la confiance des habitans ; et c'est de là qu'est venue la ruine d'une infinité de familles, par les procès qui leur ont été suscités par ces prétendus sçavans.

Il est naturel que les habitans qui ont de la fortune et qui sont en état de donner de l'éducation à leurs enfans, cherchent à leur en procurer, mais faut-il que ce soit aux dépens des communautés ? En suprimant, ainsy que je l'ay fait, les régents, je n'ay pas prétendû leur ôter l'envie de les faire instruire, et j'ai toujours répondû, lorsqu'il m'a été fait des représentations, que ceux qui vouloient faire aprendre à lire, à écrire et le latin à leurs enfans, n'avoient qu'à chercher des maîtres et les payer, ainsy qu'on le fait dans les villes, où les écoles de charité ne sont que pour les pauvres gens, à qui l'on ne doit pas interdire la lecture, comme dans les villages, eu égard aux occupations qu'ils peuvent y trouver, au lieu que dans les campagnes rien n'est moins nécessaire au paysan que de sçavoir lire.

Le prétexte de la religion dont se sert le sieur Goyeneche est une vraye chimère ; il ne faut à ceux qui sont faits pour travailler les terres que les instructions des curés ; ils en profitent mieux qu'ils ne feroient de la lecture, et leur simplicité sur ce point est préférable aux connoissances plus étendues et plus parfaites qu'ils pourroient se procurer dans les livres.

Il y auroit sur cela beaucoup d'autres observations très solides à faire, mais je crois, Monsieur, en avoir dit assés pour déterminer le jugement à porter de la demande du sʳ Goyeneche, qui selon moy ne mérite aucune attention.

Je suis etc. (1).

(1) Archives du Gers, C. 18, f° 84 v°.

II.

Révocation de M. Génain, premier secrétaire de l'Intendance d'Auch. — Renvoi de Mlle de Lerkenfeld, sa belle-sœur.

I. — *Mémoire de M. d'Étigny sur cette affaire*
(1763).

M^r le Contrôleur général m'a fait l'honneur de m'écrire le 25 décembre [1762] une lettre dont je joins icy la copie ; elle roule principalement sur deux objets, sçavoir l'étourderie et la mauvaise volonté du s^r Genain à répandre et à accréditer des bruits ridicules, et sa hauteur déplacée vis à vis la noblesse et les personnes les plus respectables.

Il ne m'a pas été possible de rien découvrir de certain sur le premier objet, et je ne puis me figurer que le s^r Genain ait agi par mauvaise volonté, en tenant trop légèrement des propos ridicules. Si cela lui est arrivé, comme je dois le croire à partir des termes de la lettre de M. le Contrôleur général, le défaut de réflexion et d'éducation en a été la seule cause.

Quant à sa hauteur déplacée vis à vis la noblesse, il est certain qu'il a donné lieu à des plaintes.

Le défaut d'éducation y a eu beaucoup de part, ainsi que son mariage avec Mlle de Lerquenfelt. Cette demoiselle est de Strasbourg, elle a de la naissance, et elle est très bien alliée.

Il est plus aisé à une femme d'inspirer de la hauteur à son mary que de se contenir dans les bornes que l'état de son mary lui prescrit.

Le s^r Genain en épousant Melle de Lerquenfelt non seulement n'a tiré de ce mariage aucun avantage pécuniaire, mais même il s'est donné une charge fort onéreuse, en faisant venir de Strasbourg sa belle-sœur.

On peut dire par conséquent que le s^r Genain a fait la fortune de sa femme, puisqu'elle n'avoit rien d'assuré pour sa subsistance que quelque pension sur les économats.

J'ay fait tout ce qui a dépendu de moy pour dissuader le s' Genain de ce mariage, je lui ay mis sous les yeux son peu de fortune, deux enfants qu'il avoit du premier lit, l'indépendance où il vivoit, le peu de dépenses qu'il étoit obligé de faire, et la situation aisée qu'il pouvoit se procurer à lui-même et faire à ses enfans en vivant avec économie pendant une dixaine d'années.

J'insistay dans mon refus, et je ne donnay mon consentement au s' Genain qu'à force de sollicitations de sa part.

Le s' Genain dépensa beaucoup pour ce mariage, je lui en dit mon sentiment à son arrivée, il me promit de metre à l'avenir plus d'économie dans sa conduite, et je lui en fis sentir la nécessité pour son propre intérêt, et pour éloigner la jalousie et les propos.

Mad° Genain se conduisit très bien et mérita l'estime et l'amitié générale à son arrivée à Auch, mais sa sœur l'étant venue joindre un an après, fut la cause de plusieurs tracasseries que je ne me suis jamais soucié de débrouiller.

Je m'en suis tenu sur cet objet à la voix générale.

Je n'ay cessé de faire des représentations au s' Genain sur l'excès de sa dépense, mais, conduit par sa femme qui elle même étoit dirigée par sa sœur, j'ay vu avec très grande peine que mes conseils, quelques multipliés et quelques instants qu'ils fussent, n'étoient point suivis par le s' Genain.

Il donna des diamants à sa femme, fit faire de la vaisselle d'argent, qu'il a eu même l'imbécilité de conserver dans le moment où j'envoyai jusqu'à mon dernier plat à la monnoye.

La place de premier secrétaire vaut dans cette Intendance 17,000 livres, y compris les apointemens du Roy, que j'ay toujours laissé au s' Genain, le centième denier des adjudications et 2,200 livres pour les frais des bureaux.

Les secrétaires au nombre de deux, les commis au nombre de neuf, et les frais de bureaux forment une dépense de 7,000 livres au moins.

On peut donc regarder la place de premier secrétaire de l'intendance d'Auch comme raportant 10,000 livres par an.

Cette somme est beaucoup plus que suffisante pour vivre

dans cette ville, où il n'est aucun particulier, quelque riche qu'il soit, qui dépense au delà de deux mille écus. Mais je n'ai jamais pû convaincre le s' Genain de cette vérité, de façon qu'il a mangé au moins son revenu chaque année, et que dans le moment présent il n'a pas quatre louis devant lui.

Le luxe de sa femme et de sa belle-sœur y ont beaucoup contribué ; rien n'étoit trop beau ny trop magnifique pour elles, et la façon opulente dont le s' Genain et toute sa famille estoient habillés m'ont mis souvent dans l'obligation de lui faire de très fortes représentations.

Je lui faisois envisager la jalousie, l'envie que cette conduite de sa part occasionnoit ; je mettois sous ses yeux la comparaison de mes enfans avec les siens ; j'allois même plus loin, et je comparois mon habillement journallier avec le sien, qui lui coûtoit beaucoup plus d'argent et beaucoup plus de tems. Il n'a tenu aucun compte de mes avis. Plein d'entousiasme et de vénération pour sa femme et sa belle-sœur, il a continué de dépenser autant, s'est donné un ridicule et a perdu de mon estime et de mon amitié.

Le s' Genain m'avoit été donné par mon frère (1), et je le tenois d'une main qui m'étoit trop chère pour ne pas lui passer des ridicules, qui dans l'exacte vérité ne fesoient tort qu'à lui.

Je dois lui rendre justice, il ne craint point le travail, il est honneste homme, il fait bien sa besogne. Je pourrois lui reprocher d'estre un peu paresseux, étant dans l'habitude de ne venir à son bureau qu'à dix heures du matin et de n'y revenir qu'à quatre ou cinq heures de l'après-midi ; d'où il s'ensuit que la pluspart des commis ayant suivi son exemple, la besogne a été quelquefois retardée.

Melle de Lerquenfelt, belle-sœur du s' Genain, s'estant brouillée avec plusieurs personnes de la ville, inspira la même façon de penser à sa sœur et à son beau-frère. Ces tracasseries se sont renouvelées et éteintes cent fois, et jamais je n'ay voulu y être pour rien.

(1) M. de Sérilly, qui avait administré l'intendance d'Auch, de 1739 à 1744. — De la correspondance de M. de Sérilly, il ne nous reste qu'un seul registre, conservé aux Archives du Gers (C. 1). Il a été analysé dans une remarquable étude intitulée : *L'Administration de la Gas-*

J'y ai été moi-même intéressé, Mad° Genain et M°ᵉˡˡᵉ de Lerquenfelt ayant cessé, j'ignore par quel motif, de rendre visite à Mad° d'Étigny, procédé un peu singulier, mais que Mad° d'Étigny et moy ne nous sommes pas souciés d'aprofondir.

Le s' Genain, sa femme, et M°ᵉˡˡᵉ Lerquenfelt ont cessé de voir depuis un très long tems toutes les personnes qui venoient le plus fréquemment chés moy.

M°ᵉˡˡᵉ de Lerquenfelt a affecté de ne vivre qu'avec de personnes dont j'avois lieu de me plaindre; elle a même tenu des propos que j'ay fort méprisé; mais je suis parti de sa liaison intime avec des personnes qui m'avoient manqué essentiellement pour faire sentir au s' Genain la nécessité de se séparer de sa belle-sœur, en lui donnant à Strasbourg ou dans toute autre endroit qu'elle choisiroit une pension honnête et plus que suffisante pour elle.

Je fus dans l'obligation d'en parler au s' Genain à plusieurs reprises, qui chaque fois que je lui en parlois me donnoit de belles paroles, et n'en tenoit aucune.

M°ᵉˡˡᵉ de Lerquenfelt ayant persisté dans sa conduite et ses propos, je suis parti du premier de ces motifs pour parler ferme au s' Genain, et je fus dans l'obligation de lui dire que s'il ne se séparoit de sa belle-sœur, je le remercierois de ses services.

Je lui tins ces propos quelques jours avant mon départ pour l'Espagne, il prit son parti et me donna une parole si positive de se séparer de sa belle-sœur que j'eus lieu d'y compter.

Mad° Genain vint me voir trois ou quatre jours après son mary; nous causâmes ensemble sur cette séparation; elle me témoigna tous ses regrets; je lui fis sentir l'impossibilité où j'étois de ne pas exiger l'éloignement de sa belle-sœur; mais j'accompagnay mon procédé de tant de politesse, de tant d'amitié et de tant de propos si honnêtes que Mad° Genain sortit très contente de chés moy, et si satisfaite qu'elle ne put s'empêcher de le témoigner à M. de Marignan et à quelques autres personnes.

Le s' Genain fit partir sa belle-sœur pour Bordeaux au

---

cogne, de la Navarre et du Béarn en 1740, par M. le baron Louis de Bardies, Paris, 1882.

mois d'octobre, il eut la sottise de dépenser cent louis pour ce voyage; c'est un fait dont il est convenu sans que je le lui aye demandé; et dans le moment je l'assuray très fort qu'un pareil voyage à Bordeaux et un séjour aussi long ne m'en auroit pas coûté la moitié.

Melle de Lerquenfelt quitta Bordeaux, prétendant, à ce que m'a dit le sr Genain, que tous les couvents lui avoient été fermés.

Le sr Genain m'a ajouté qu'un autre motif l'avoit déterminée à quitter cette ville, c'étoit la crainte d'estre arrêtée de l'autorité de M. le Maréchal de Richelieu, qui par parenteze ne l'a jamais vûe ny connûe et qui peut-être n'en a jamais entendu parler. J'ay écouté avec ma patience ordinaire tous ces propos ridicules et qui n'ont pas le sens commun.

J'arrivay d'Espagne le 2 décembre à Auch. Madame Genain étoit alors à Toulouse, où elle avoit été voir sa sœur et mené son fils; elle donna dans cette ville un tableau bien frappant de sa vanité, et par la somptuosité de son habillement et la magnificence avec laquelle elle recevoit les visites des personnes qui alloient la voir. Qu'en est-il arrivé? tout le monde s'est moqué de la recherche de son ajustement et de la quantité de bougies allumées dans sa chambre et jusques à son anti-chambre.

J'ay été trop heureux de n'avoir été pour rien dans le ridicule qu'elle s'est donné; heureusement ma simplicité est connûe, et l'on sçait que je ne fais de dépense que pour faire les honneurs de chés moy de mon mieux, pour procurer des amusemens honnêtes et pour le bien public.

Mad{e} Genain ne m'a fait l'honneur de me venir voir qu'une seule fois depuis mon arrivée, à l'occasion d'un coup de pied de cheval que je reçus dans une tournée vers le 15 du mois de février. Je lui fis toutes les politesses possibles, et elle en témoigna sa satisfaction à plusieurs personnes.

Trois ou quatre jours après, je tombay de mon haut en recevant de M. le baron ou le comte de Lerqnenfelt, chambellan de Son Altesse Électorale de Bavière, et de M. le chevalier de Folart, envoyé extraordinaire de France en cette cour, deux lettres par lesquelles il paroissoit que Mad{e} Genain s'étoit plainte à ses parents alemands de la dureté et de l'ignominie avec laquelle j'avois renvoyé sa sœur.

Je ne fis point de réponse à M. de Lerquenfelt, sa lettre contenant des espèces de menaces auxquelles je n'aurois pû répondre qu'avec la fermeté que je me dois, que j'ay toujours eu et dont je ne me départiray jamais vis à vis de qui que ce soit.

Je répondis à M. le chevalier de Folart et je lui écrivis une lettre assés détaillée, que j'adressay à Mad° d'Étigny, qui avoit été instruite de la noirceur de Mad° Genain, et qui m'avoit fait sentir la nécessité de ne pas laisser un pareil procédé impuni.

Mon attachement pour Mad° d'Étigny, mes égards pour ses conseils n'auroient peut-être pas été suffisants pour me déterminer à ôter ma confiance au s' Genain, quelque irrité que je fusse et que je dusse être de la méchanceté et de la calomnie, ou au moins de l'étourderie indécente de sa femme.

J'ay reconnu dans la conduite de Mad° Genain l'esprit et les conseils de sa sœur, y ayant toute aparence que Mad° Genain a écrit pendant son séjour à Toulouse.

J'avois desjà fait faire quelques informations en conséquence de la lettre de M. le Contrôleur général; je ne puis m'empêcher de convenir que, s'il n'y a pas de la hauteur chés le s' Genain, il y a du moins un défaut d'éducation insoutenable, et dont j'ay moy-même rougi plusieurs fois, et c'est le vray motif, joint à son derrangement, qui m'a déterminé à lui ôter ma confiance.

Il m'a plusieurs fois représenté qu'un premier secrétaire n'étoit guères considéré dans cette ville. Je lui ay répondu qu'il falloit beaucoup plustot compter sur ses procédés et sa conduite pour s'attirer de la considération que sur la place qu'on occupoit.

Le s' Genain m'a paru fort étonné quand je lui ay annoncé que je lui ôtois la place de premier secrétaire. Je n'ay pû refuser à l'ancienneté de ses services et sa situation d'entrer dans sa peine. Il a touché 7,000 livres sur les revenus de la place de premier secrétaire de cette année; je les lui ay laissé en entier sans lui demander aucun apointement pour les secrétaires et commis, ny aucun frais de bureau. Il m'a assuré que malgré ces 7,000 livres, il n'avoit pas quatre louis chés lui.

J'ay ajouté à ce procédé que je prendrois soin de ses deux enfans du premier lit, et que que je ne négligerois rien pour lui procurer par mes sollicitations une place qui put lui convenir.

D'ÉTIGNY (1).

II. — *Lettre de M. Paris-Duverney* (2) *à M. d'Étigny.*

A Paris, le 17 février 1763.

Une personne, Monsieur, pour qui j'ai de l'amitié, qui en a pour moi et qui sçait que vous m'honorez du même sentiment, est venue me trouver, et m'a fait lire une très longue lettre de Mme de Genain concernant sa sœur, par laquelle elle se plaint avec toute l'amertume possible des mauvais traitemens et des persécutions soutenues qu'elle prétend que cette dem^{lle} a essuyées de votre part, séduit que vous avez été, dit-elle, par des instigations dénuées de tout fondement de gens méchants, qui ont abusé de votre confiance pour parvenir à la perdre dans votre esprit et dans celui du public, qui suit assez ordinairement les impressions désavantageuses que prennent les personnes en place. Celle qui s'est addressée à moi m'a prié d'avoir l'honneur de vous faire parvenir la lettre ci-jointe, qui me paroît être une suitte de celle que l'on m'a fait voir de Mme de Génain. Je me suis volontiers chargé de cette commission dans l'opinion que vous ne seriez pas fâché d'être instruit de ce qui se passe à cette occasion. Comme l'affaire dont il s'agit peut être susceptible de détails dont les circonstances ne soient pas de nature à être écrites, vous

---

(1) Original; signature autographe. — Archives du Gers, C. 17.
(2) Joseph Pâris, plus connu sous le nom de *Duverney*, l'un des quatre frères *Pâris*, célèbres financiers français. — Jean Pâris de Montmartel, le plus jeune des frères Pâris, avait épousé, en 1720, Marguerite-Françoise *Mégret*, sœur de M. d'Étigny (*Dictionnaire de la Noblesse*, par la Chenaye-Desbois).

pourriez, Monsieur, en supposant que vous me fassiez une réponse, me marquer que comptant faire incessamment un voyage à Paris, vous vous réservez de traiter la matière verbalement. Je communiquerai cette réponse à mon ami, qui en fera l'usage convenable.

Je profite avec grand plaisir de cette occasion pour vous renouveller les assurances du respectueux et inviolable attachement avec lequel j'ai l'honneur d'être, Monsieur, votre très humble et très obéissant serviteur.

PARIS DUVERNEY (1).

III. — *Lettre de M. d'Étigny au chevalier de Folard, envoyé extraordinaire de France à la Cour de Bavière.*

A Auch, le 12 mars 1763.

Monsieur,

Je suis plus étonné que je ne puis vous l'exprimer de la sensation qu'ont pu faire sur M^{rs} les comtes et barons de Lerchenfeld les plaintes que Mademoiselle de Lerchenfeld leur a porté aparemment contre moy. Je ne vous cache pas que cette demoiselle, sœur à Madame Genain, femme de de mon premier secrétaire, s'est conduit assés singulièrement vis à vis de moy. J'en ay parlé à son beau-frère, et je luy ay fait sentir qu'il étoit de son intérêt de se séparer de sa belle-sœur, qui par son esprit tracassier l'avoit brouillé et sa femme avec toute cette ville. Je ne prétends rien dire ny contre son honneur ny sur ses mœurs, mais vous sçavés, Monsieur, que dans la place que j'ay l'honneur d'occuper il est bien des choses qui font une certaine sensation et qui rendent la vie fort désagréable. J'ay eu beau parler à M. Genain et l'exhorter à l'œconomie, j'ay le désagrément de voir que n'ayant pas de bien et étant d'un âge qui aproche de la viellesse, il n'a eu égard à aucun de mes avis. Je luy ay représenté qu'il avoit des enfants d'un

(1) Original; signature autographe. — Archives du Gers, C. 17.

premier lit, qu'il en avoit de son second mariage, rien n'a pu l'arrêter dans sa dépense, de façon que dans une place où il auroit dû metre par an au moins six mille francs de côté, il n'a peut-estre pas cent louis d'or devant luy. Je l'ay toujours traité et surtout Madame Genain avec beaucoup de distinction; je luy ay donné des conseils qu'il auroit bien fait de suivre; je luy ay procuré des agréments utiles, entre autres un de quinze mille livres; tout cela ne l'a point mis dans l'aisance, faute d'œconomie; je ne le crois pas disposé à changer de conduite, ce qui me fait une vraye peine pour luy, madame Genain et ses enfants tant du premier que du second lit.

Melle de Lerkenfeld a affecté de vivre intimement avec des personnes qui m'avoient manqué essentiellement; j'ay trouvé son procédé déplacé; je ne l'ay point caché à M. Genain, et je l'ay engagé non pas à chasser Melle de Lerkenfeld, comme elle a voulu le faire entendre, mais à luy faire un sort convenable soit à Strasbourg soit partout ailleurs. Je vous avoueray mesme, Monsieur, que les procédés de Melle Derkenfeld (sic) vis à vis de moy ont été au point qu'il n'auroit pas été convenable à aucun égard qu'elle fût restée icy. Je n'ay parlé de tout cecy qu'à M. Genain; le public n'en a pas été informé; et je ne pouvois metre dans ma conduite plus de circonspection et de prudence.

M. Duvernay m'a fait l'honneur de m'écrire sur ce même sujet et de m'envoyer une lettre de Mr de Lerkenfeld, à laquelle je ne puis répondre. Je ne vous cacheray pas mesme que trouve son stil un peu menaçant; je n'ay point manqué aux égards que je devois à son nom, ainsy il n'a aucun reproche à me faire. Quand à M. Genain, mon premier secrétaire, c'est une affaire qui m'est personelle et sur laquelle le nom Derkinfeld ne peut influer en rien. Vous me permetrés de vous observer, Monsieur, que s'il a quelque part dans les plaintes de Mme Genain, ou s'il est instruit de ses démarches vis à vis de M. Derkenfeld, il a d'autant plus de tort que jamais je ne luy ay parlé que très convenablement sur le compte de Madame sa femme, et que dans le moment mesme où je luy faisois sentir la nécessité de se séparer d'avec Melle de Lerkenfeld, j'eus avec Mme Genain une conversation fort longue, où je luy témoignay tous mes égards; c'est un fait dont elle ne peut disconvenir; d'ailleurs M. Gouain y étoit présent.

J'ay l'honneur d'estre, avec respect, Monsieur, vostre très humble et très obéissant serviteur (1).

(1) Minute, de la main de M. d'Étigny, avec cette note pour l'un des secrétaires de l'intendance: « A M. Lioneau (?) pour la mettre au net luy-mesmo et m'en parler. Je compte sur luy à dîner ». — Archives du Gers, C. 17.

III.

Affaire du Parlement de Pau. — Disgrâce de M. d'Étigny.

I. — *Lettre de M. d'Étigny au Contrôleur général* (1).

A Auch, le 20 janvier 1765.

Monsieur,

Je m'étois flaté du bonheur de vous faire ma cour dans le courant de ce mois, mais plusieurs objets me retiondront ici jusqu'au 10 février. J'ai promis à M. le duc de Choiseul que je metrois dans la plus grande règle l'administration de la mâture dont il m'a chargé, et je ne partirai qu'après avoir rempli mon engagement, comme citoyen et comme galant homme.

J'ai passé une partie de ce mois, Monsieur, à faire une tournée assés fatiguante à la mâture à Bayonne, et j'y retourne au commencement du mois prochain. Je passerai à Pau, et je ne négligerai rien pour tâcher de ramener les esprits. Il y a aparence que MM. du Parlement me communiqueront leurs idées. S'ils me donnent cette marque d'estime et de confiance, j'y répondrai en leur faisant part des miennes. Je sais, Monsieur, qu'après les bruits qu'on a répandu sur mon compte cette démarche de ma part est un peu délicate, mais je ne puis me refuser à donner à MM. du Parlement une preuve de mon attachement, en leur inspirant une conduite dont S. M^{té} n'ait lieu que d'estre satisfaite. J'aurai l'honneur, Monsieur, de vous rendre compte du succès de mes démarches. Je suis bien certain que vous en aprouverés le motif.

Je suis etc. (2).

(1) M. de Laverdy.
(2) Copie; Archives du Gers, C. 17.

II. — *Précis de la conduite de M. d'Étigny depuis son arrivée à Paris, le 9 mars (1765) jusques au 10 juillet.*

M. d'Étigny arriva malade à Paris ; il fut obligé de garder la chambre pendant plus d'un mois ; il se rendit à Versailles pour être présenté au Roy aussitôt que sa santé le lui permit ; il y resta 4 jours. Il partit le 16 ou le 17 avril pour sa campagne ; il y reçut, le 21, un courrier que luy envoyoit M. le vice-chancelier ; il partit sur le champ, et il se rendit à Versailles le 22 à 9 heures du matin. M. le vice-chancelier luy fit part, sans entrer dans aucun détail, de la commission dont il alloit être chargé. M. d'Étigny reçut les ordres de la propre bouche de Sa Majesté, le 24 avril ou le 25. Il eut l'honneur de luy faire ses très respectueuses représentations sur la situation des esprits et sur les difficultés qu'il voyoit pour l'exécution de ses ordres. Il ajouta que le soleil étoit fort chaud dans cette province, que les esprits étoient fort échauffés. Il rendit en même temps justice à la conduite du Parlement de Pau, en assurant Sa Majesté que dans aucun Parlement de son royaume, les affaires ne se jugeoient en moins de tems, avec plus d'équité et à moins de frais. Il finit par dire au Roy qu'il avoit été assés heureux pour vivre avec cette compagnie depuis 14 ans dans la plus grande union, qu'il se flatoit d'y avoir des amis, et qu'il employeroit tout son crédit sur 'eux pour leur faire sentir la nécessité de se conformer aux intentions de Sa Majesté et de donner des preuves de la soumission la plus respectueuse.

M. d'Étigny promit d'être rendu le 5 may à Pau. Il reçut en partant les lettres de jussion cachetées et trois autres paquets aussi cachetés pour M. le Procureur général et pour M. le président d'Esquille.

M. d'Étigny n'avoit point entendu parler des divisions et des troubles du Parlement de Pau depuis le mois de novembre 1764. Il n'avoit pas ignoré qu'on le regardoit à la cour comme le moteur des altercations qui s'étoient élevées entre M. le Premier Président et sa compagnie ; il avoit écrit à tous les ministres et leur avoit mandé que c'étoit une calomnie atroce, qu'il ne s'étoit jamais mêlé de ces affaires que pour donner les conseils les plus modérés, et que dorénavant il n'en prendroit aucune connoissance ni directement ni indirectement. M. d'Étigny, n'ayant reçu aucune réponse des ministres, tint exactement sa parole et arriva de son intendance sans être au fait des prétentions du Parlement ny de tout ce qui s'y étoit passé. Il savoit seulement que les esprits y étoient fort échauffés contre M. le Premier Président.

M. d'Étigny se rendit le 5 may à Pau, il y arriva à deux heures après midy, et dès le même jour, il eut une conférence avec quelques membres du Parlement depuis neuf heures du soir jusques à trois heures du matin. Il rendit compte le 7 par un courier de la situation où il avoit trouvé les esprits. Il écrivit même une lettre particulière à M. de Saint-Florentin, par laquelle il luy annonçoit qu'il étoit parti de Paris sans être instruit, et que le Parlement ne demandoit que d'être entendu. M. d'Étigny crut nécessaire de prévenir les ministres sur la disposition où étoit le Parlement de nommer des commissaires lors de la présentation des lettres de jussion et de l'arrêt du Conseil.

M. d'Étigny a employé tous les moyens possibles pour disposer les esprits à l'obéissance. Il n'a cessé de faire des démarches vis à vis des officiers du Parlement sur lesquels il croyoit avoir quelque crédit; ils sont trop honnêtes gens pour ne pas en convenir.

Le 9 may, M. d'Étigny se rendit au Parlement et y parla d'une manière à prouver son zèle pour l'exécution des ordres de Sa Majesté. Il mit dans son discours toute la force et l'énergie dont il est capable, au point même que quelques officiers du Parlement luy firent sentir qu'ils avoient été tentés de s'en plaindre et qu'ils n'avoient été arrêtés que par la justice qu'ils rendoient à la droiture de son cœur et à ses bonnes intentions.

M. d'Étigny rendit compte de l'arrêté du Parlement, et envoya un courier le lendemain 10.

Il aprit le 16 que le Parlement devoit s'assembler le lendemain pour entendre le raport des commissaires, et il sçut à n'en pouvoir presque pas douter que les démissions seroient données. Il redoubla ses efforts et ses démarches, mais il ne lui resta pas la moindre espérance; il fut jusqu'au 17 au matin dans les plus cruelles agitations. Le s' Sallenave, son premier secrétaire, se rendit chez luy le 17 à 7 heures; ils conférèrent ensemble sur tous les malheurs qui résulteroient des démissions.

M. d'Étigny crut que l'intervention des États, accompagnée d'une députation au Parlement, pourroit arrêter les démissions; il ne luy restoit que ce seul moyen pour les empêcher, et il profita de l'ordre que Sa Majesté luy avoit donné d'employer tous les moyens que son attachement à sa personne pourroit luy suggérer.

Il se présenta aux États; il leur parla avec toute la force dont il étoit capable; son discours n'annonce que les sentimens d'un bon citoyen et d'un sujet zélé et fidèle. On nomma des commissaires en présence de M. d'Étigny qui fut prié d'assister à la délibération. Ils devoient faire leur raport à quatre heures, mais les démissions ayant été données à 3 heures, le raport des commissaires n'eut point lieu : ainsy la démarche de M. d'Étigny vis à vis les États n'eut aucune suite, et on ne peut luy faire un crime de sa bonne intention.

Le lendemain 18, le sindic de la province, de son propre mouvement et sans que M. d'Étigny y eût la moindre part, parla aux États pour les engager à faire à Sa Majesté des remontrances sur la cessation de l'administration de la justice, et il fut pris une délibération conforme à sa proposition. Deux des commissaires se rendirent chez M. d'Étigny et lui aportèrent, le 18 au soir, les remontrances qui avoient été dressées. M. d'Étigny ne put s'empêcher d'y faire quelques corrections qu'il porta le lendemain à l'assemblée de la commission, et tous les commissaires non seulement les adoptèrent, mais même remercièrent M. d'Étigny d'avoir bien voulu en prendre la peine.

On voudroit peut-être faire un crime à M. d'Étigny d'avoir ajouté à ces remontrances que le Parlement avoit toujours rendu la justice avec autant d'intégrité que de désintéressement, mais il faut observer que M. d'Étigny avoit eu l'honneur de le dire à Sa Majesté en recevant ses ordres; d'ailleurs c'est une vérité constante, et il n'y avoit pas de raison pour la taire. Enfin les États faisant des représentations sur la cessation de la justice pouvoient-ils se dispenser d'exprimer leur sentiment sur la manière dont le Parlement l'administroit?

M. d'Étigny rendit compte le 18 des démissions données et de l'arrêté du Parlement; son courier luy raporta ordre de se rendre à Paris, où il arriva le 10 [juin?] au soir.

Il écrivit dès le même soir à M. de Saint-Florentin et le pria de luy faire part de ses intentions; le ministre luy donna ordre, le 11, de la part du Roy, de se rendre à sa terre dès le lendemain matin. M. d'Étigny ne luy fit aucune représentation, et il obéit avec la plus grande soumission.

Il eut la précaution de ne voir que sa famille à Paris et de tenir sa porte fermée. Il étoit chez M. Domangeville, son beau-frère, en attendant sa chaise de poste, lorsqu'on vint l'avertir que M. Robert de Saint-Vincent l'attendoit à sa porte. M. d'Étigny ne put s'empêcher de voir M. Robert de Saint-Vincent, mais la conversation fut fort courte, il n'y fut... (1).

III. — *Mémoire de M. d'Étigny sur la même affaire.*

On n'y dit pas que j'ai été prié et supplié *una voce* de rester à la délibération, que je ne me suis rendu qu'aux instances vives qui m'ont été faites, que je m'étois levé, avois salué le Président, et avois fait quelques pas pour me retirer après avoir fait ma proposition.

Je me rappelle très bien que j'ay répondu qu'on ne pouvoit juger de ces sortes de choses qu'après l'événement.

Il est certain que j'ay témoigné une vive affliction, moins d'avoir été chargé de la commission que de n'avoir pas été instruit avant mon départ de la véritable difficulté de l'affaire; et en effet, je croyois qu'il n'étoit question que de la déclaration de 1747.

Il est faux que j'aye prononcé ces mots : « Combien de choses ne se passe-t-il pas dans ces têtes là-bas ? »

Je me rappelle de m'être refusé à aller seul au Parlement, cette démarche, j'en étois seur, n'auroit abouti à rien.

Il est faux que j'aye dit que, comme le bûcheron met

(1) La fin manque. — Copie; Archives du Gers, C. 17.

un second coin dans le bois qu'il travaille, pour, à l'aide de ce second coin, en retirer le premier qu'il ne pouvoit plus arracher, j'espérois que les États mettroient leur doigt si avant que je retirerois le mien. Quel propos ! Quelle platitude ! Cette belle invention est digne du pays.

Il est faux que j'aye dit qu'une démission n'étoit pas une désobéissance.

Il est faux que j'aye dit que la démarche des États vis à vis du Parlement n'empêcheroit pas les démissions. Tout cet article est de pure invention ; mais j'ay dit que je n'étois pas seur que cette démarche des États fut suivie d'un plein effet, et que si j'étois assuré du succès, je ne négligerois rien pour obtenir cette démarche.

Il est constant que j'ay été prié *una voce* et très instamment de rester aux États. Pourquoy ne le pas dire ? Pourquoy ne pas observer que je m'étois levé, avois salué le Président et l'Assemblée, et que j'avois fait plusieurs pas pour me retirer ? Pourquoy ne pas dire que, lorsqu'il fut question de nommer des commissaires, quelques membres des États ayant nommé le s' Danty, secrétaire de M. le Premier Président, je tins au s' Danty plusieurs propos obligeans, pour l'engager à accepter la commission, le croyant plus propre qu'un autre à la bien remplir par son attachement à M. le Premier Président, et par la connaissance qu'il avoit de l'affaire ?

Il est faux que j'aye conféré avec des officiers du Parlement et deux des commissaires des États. Peut-être se sont-ils trouvés chez moy ensemble, mais le terme de conférer donne des idées désavantageuses pour moy et pour M" les Commissaires.

Il est vray qu'avant l'arrivée du syndic, et après le départ d'un ou deux M" du Parlement qui étoient chez moy (mais je ne me rappelle pas ce fait bien exactement), M" les Commissaires et moy avons relu ensemble la lettre, et que je leur avois fait sentir les fautes de stile, et qu'ils en étoient convenus.

Il est certain qu'à l'assemblée du lendemain je lus moy-même les changemens que j'avois faits à la première lettre des États, qu'ils furent aprouvés, et que je fus remercié de la peine que j'avois pris.

Les termes *d'une légère acclamation des seuls commissaires* instruits sont d'une malice inconcevable. Il n'y eut personne qui ne pensât unanimement sur le projet de lettre que je présentois.

Si cette acclamation n'avoit pas été générale et sincère, les mêmes commissaires, assemblés *en l'absence de M. d'Étigny*, n'auroient-ils pas eû égard à l'observation faite par M^{rs} les sindics? On voit que ces commissaires ont persisté dans leurs sentimens et aprouvé le projet des représentations.

Il est faux que quelques-uns des commissaires m'ayent engagé à aller aux États le lendemain; il est vray que j'ay dit que les paquets étoient partis, et ce propos étoit tout simple; mais l'affectation qu'on me supose d'avoir parlé précipitamment d'autres affaires est très ridicule; je n'avois aucun droit ny aucun moyen pour empêcher qu'on ne discutât l'observation faite sur les termes des remontrances, ou de la lettre à Sa Majesté. J'étois d'ailleurs de bonne foy et fort tranquille sur la façon de penser de tous les commissaires, qu'ils m'avoient témoigné la veille dans leur assemblée à la lecture des changemens faits par moy.

D'après l'extrait que j'ay fait hier chez vous, j'ai formé mes observations que je soumets à votre jugement pour les présenter à Monsieur le comte [de Saint-Florentin] ; je les soumets au sien pour avoir la liberté d'en faire usage, car je ne feray certainement aucune démarche que de son aveu. Je lui dois ce procédé par attachement et par reconnoissance, sentimens qui sont gravés dans mon cœur; je connois le sien, et mon bonheur dépend de ses bontés et de son amitié.

Je m'acquiteray avec tout le zèle possible de la commission dont vous m'avés chargé, trop heureux si je peux... (1).

(1) La fin manque. — Copie; Archives du Gers, C. 17.

III. — *Lettre de M. d'Étigny au comte de Saint-Florentin* (1).

Teil (2), le 17 aoust 1765.

Monsieur,

Je suis convaincu que vous avés toujours rendu justice à ma façon de penser et à mon respectueux dévouëment pour Sa Majesté.

Je sens, Monsieur, que c'est à vous que je dois la permission qu'elle veut bien m'accorder. J'en profiteray aussitôt que Mad° d'Étigny sera de retour icy. Elle est allée à Paris pour une affaire très importante, mais son voyage ne sera que de quelques jours.

J'ose vous suplier, Monsieur, d'employer tout votre crédit auprès du Roy pour obtenir de Sa Majesté la permission de justifier ma conduite sur tous les points ; ma réputation et mon bonheur en dépendent.

Conservés-moy vos bontés, Monsieur, je vous en conjure, vous les devés au dévouëment tendre et respectueux avec lequel je suis pour la vie, etc. (3).

IV. — *Autre lettre de M. d'Étigny au comte de Saint-Florentin.*

A Teil, le 17 aoust 1765.

Monsieur,

Je me suis toujours fait une loy de me conformer aux intentions de Sa Majesté. Vous m'avés donné ordre de sa part de quitter Paris, j'ai obéi sans murmurer, et depuis ce moment il ne m'est pas échapé la moindre plainte.

J'ai examiné ma conduite depuis l'instant que je me suis totalement dévoué au service de Sa Majesté, et je

---

(1) Louis Phelypeaux, comte de Saint-Florentin, ministre d'État.
(2) Theil-sur-Vannes, arrondissement de Sens, Yonne.
(3) Copie ; Archives du Gers, C. 17.

n'ay pû deviner ce qui avait pû me priver de sa confiance et de ses bontés.

J'ai eu, Monsieur, deux grands motifs de consolation, le premier est fondé sur mon innocence, le second sur l'espérance que Sa Majesté voudra bien ne pas me condamner sans m'entendre.

Je n'ignore, Monsieur, aucune des noires et ridicules calomnies qui ont été débitées sur mon compte ; je sçay qu'elles ont fait fortune, j'en ay été affecté sans en être surpris ny allarmé.

Permettés-moy, Monsieur, de vous représenter que le motif le plus pressant pour me rendre à Paris seroit la certitude que vous voudriés bien me donner d'être entendu : je suis prest à justifier ma conduite et prouver à Sa Majesté qu'elle n'a point de sujet qui lui soit plus entièrement et plus respectueusement dévoué.

Si j'étois coupable, je serois et devrois être très reconnoissant de la permission que Sa Majesté veut bien m'accorder, mais n'ayant rien à me reprocher, du moins quant à l'intention, oserois-je me flater, Monsieur, que vous daignerés employer votre crédit auprès du Roy pour qu'il me soit permis de faire connoitre mon innocence. Je ne craint point l'examen le plus rigoureux. Vous connoissés ma façon de penser et mon attachement à Sa Majesté, il est affreux pour moi d'être privé de sa confiance et de ses bontés, et la liberté qu'elle me rend ne peut m'être chère qu'autant qu'elle voudra bien me permettre de lui prouver que je ne suis pas indigne de sa bienveillance.

D'ailleurs, Monsieur, si je continue le même rôle que je joue depuis deux mois, si je ne remplis point mes fonctions d'intendant, si je n'ay pas l'agrément de faire ma très humble révérence à Sa Majesté, il sera difficile de persuader au public que je ne suis plus dans la disgrâce de mon maître ; et vous sentés, Monsieur, que, ce préjugé subsistant, je dois préférer un séjour où je suis à l'abry des questions et d'entendre des propos peut-estre très mortifians, auxquels je ne me permettrois pas de répondre.

Mad° d'Étigny est à Paris pour terminer une affaire très importante pour la fortune qui me reste et la tranquilité de ma famille. M. d'Avaray, mon neveu, vient d'essuyer une opération très dangereuse ; il désire ardemment de me voir; mais ces motifs réunis ne peuvent me déterminer à profiter de la permission que Sa Majesté m'a accordée, qu'autant qu'elle aura la bonté d'y joindre celle de justifier ma conduite et mes intentions; ce doit être le premier devoir et le désir le plus vif d'un sujet fidèle.

Je suis etc. (1).

On voit par ces deux lettres, écrites coup sur coup au comte de Saint-Florentin, que l'exil officiel de M. d'Étigny fut de très courte durée. Mais, n'ayant pu sans doute obtenir la permission, qu'il demandait avec tant d'instance, de justifier sa conduite devant le roi Louis XV, il prolongea volontairement cet exil et resta dans sa terre de Passy, près de Sens, jusqu'au mois d'octobre 1766, date de son retour à Auch. Moins d'une année après, le 24 août 1767, il mourait, dans cette ville, à peine âgé de 47 ans.

(1) Copie; Archives du Gers, C. 17.

(Extrait de l'*Annuaire du Gers* pour 1885.)

AUCH. — IMPRIMERIE COCHARAUX FRÈRES, RUE DE LORRAINE.

Original en couleur
NF Z 43-120-8

www.ingramcontent.com/pod-product-compliance
Lightning Source LLC
Chambersburg PA
CBHW060721050426
42451CB00010B/1551